잠시지만

잠시지만

초판 1쇄 인쇄 2019년 5월 25일
초판 1쇄 발행 2019년 5월 30일

지은이 | 김성철
펴낸이 | 김경옥
디자인 | 류요한
펴낸곳 | 도서출판 온북스

등록번호 | 제 312-2003-000042호
등록일 | 2003년 8월 14일
주소 | 서울시 은평구 은평로 194-6, 502호
전화 | 02-2263-0360
팩스 | 02-2274-4602

ISBN 978-89-92364-49-2 03810

잠시지만

김성철 시집

온북스
ONBOOKS

삶의 旅情과 詩魂의 불꽃

배 용 파
(시인,<사>국제문인협회 이사장)

교회의 성직자로서 긴 세월을 헌신하여온 김성철 시인이 봉사와 삶의 뒤안길에서 소리 없이 쌓아온 旅情의 발자취를 마침내 선을 보인다.

갖고 싶지만 가질 수 없는 게
사랑이다
사랑이 영원한 것이라면…

내 앞에 있는 그대여
그대를 가졌지만
영원 속에 가둘 수가 없어서,

(이하 하략, "잠시지만" 중에서)

인고의 세월을 갈고닦아 온 치열한 창작의 흔적과 詩魂의 불꽃이 작품의 곳곳에서 보여지는 것은 오랜 삶의 여정(旅程)에서 말없이, 그리고 켜켜이 쌓아올린 삶과 문학을 향한 집념에서 비롯된 것으로 볼 것이다. <잠시지만>은 '빗물이 내린다', '장미로 살고 싶다', '봄이 오고 있다', '잠시지만' 그리고 '또 하루가 지나간다' 등 5부로 나누어 88편의 적지 않은 시작품을 수록한 김 시인의 첫 시집으로서 자연, 그리고 세월을 노래하며 삶의 여정과 사랑을 김성철 시인 특유의 필치로서 절절하게 그려내고 있다.

앞서 언급한 '인고의 세월을 갈고닦은 창작의 흔적...'이 시를 접하는 순간 피부에 와 닿는 듯하며 창작의 토대가 견고하게 구축되어져 있음을 느낄 수 있다. 긴 세월을 외롭게 문학과 벗하여온 김 시인의 작가정신이 뚜렷하게 투영되어 다가오고 있는 듯하다. 특히 계절과 세월, 그리고 삶의 여정 등의 속살과 내면세계에 대한 깊은 성찰과 고독한 고뇌는 독자들에게 깊은 인상과 함께 강렬한 임팩트를 남겨줄 것으로 믿는다.

...(전략)
타오르는 계절의 입술
가슴을 가늘게 흔드는 전율
장미의 시대가
시간을 찢고 얼굴을 내민다.
장미 가시에 찔린 릴케의 사랑

(이하 하략, "5월" 중에서)

에서 보듯이 봄의 계절에 대한 시인의 예리한 詩想이 돋보이고 메타포 기법을 원용한 표현력이 빼어나다. "3월", "4월", "목련" 등과 "낙엽, 그 인생", "가을" 그리고 "세월", "병원" 등의 작품에서도 긴 세월을 창작의 고해(苦海)를 헤쳐 온 시인의 고뇌의 흔적이 곳곳에 녹여져 있어 머지않아 중견 시인으로서의 면모를 보여줄 것으로 믿으며 다른 한편으로는 김 시인의 시인으로서의 흔들림 없는 창작 열정을 높게 평가하지 않을 수 없다.

성직자로서의 오랜 봉사활동의 뒤편에서 땀 흘려 쌓아온 시 창작의 귀중한 성과인 <잠시지만>은 그 창작기법의 기술적인 측면에서도 날카롭게 직접적인 서술기법을 동원하여 오늘의 세태를 비판하는 등 창작의 지평을 넓혀가고 있어 앞으로의 시 창작활동도 크게 주목된다고 하겠다.

<국제문예> 시 부문으로 등단한 김성철 시인은 가까운 선배 지인을 위한 헌정 시 "백송처럼 우뚝 선 이여!"도 첫 시집에서 빼놓지 않고 있는데,

푸릇한 청춘의 시대
이제는 그리움으로
추억의 반닫이에 인화된 채로

여전히,
청년의 기백으로 생을
우뚝 세운 이여!
(이하 하략)

에서 볼 수 있듯이 가깝게 모시던 팔순 고령의 투병 중인 선배 지인에 대한 애틋한 사랑과 존경의 마음이 짙게 묻어나고 있어 시인으로서의 폭넓은 詩心의 세계를 거닐고 있음을 알 수 있다.

견고한 창작의 토대를 갖추고 긴 세월 동안 창작을 향한 불꽃 투혼으로 문학에의 열정을 불사르며 주목해야 할 力作이자 첫 시집인 <잠시지만>을 탄생시킨 김 시인의 노고에 박수를 보내며 자연과 세월 그리고 삶의 여정과 사랑을 노래하고 있는 <잠시지만>을 일독함으로써 김 시인의 서정 주의적 시 세계에 감동으로 다가갈 수 있으리라 믿어 의심치 않는다.

끝으로 시인으로서의 역사관 등 세부적으로 논급하지 못한 부분에 대하여는 차후 다시 논급할 기회가 있으리라 믿으며 김성철 시인의 力作 <잠시지만>을 위한 추천사에 대한다.

목차

3부 봄이 오고 있다

4부 잠시지만

5부 또 하루가 지나간다

1부

빗물이 내린다

빗물이 내린다

빗물이 내린다
가슴 내밀한 곳 파고들어
그리움에 젖어있는 넋, 빗물로 적셔
흥건한 갈망을 빚어내는가 보다

빗물이 내린다
혈관에 붉게 흐르는 울음
구름이 눈치를 채고 눈물을 내려
슬픔을 나누는가 보다

빗물이 내린다
빗방울에 묻어 있는 햇살
해를 훔쳐 와서
마음에 앳된 조명을 밝히려는가 보다

하늘이 문장을 열어
구름 비껴가는 날
그리움이 농익어 질박한 사랑
행복일래라 큰 방점 찍는 날
희망으로 젓을 담그고
그날을 기다려본다

눈이 내린다

웃음과 울음이 섞인다
웃음은 약하고 울음은 강하다
울음으로 자꾸 검게 그을려 가는 세상
희게 덮이면 통증은, 잠시
멈춘 듯

눈이 내린다

어여뻐서 어여쁘지 않다
태양이 속성을 다 털어내면
색깔로 뽐내는 세상
하얗게, 무덤처럼 싸 발라지면
색깔 그 기세는 잠시 묻히고

눈이 내린다

구름이 낮을 품고 밤을 품었다
찬란한 별살의 높은 데시벨
은밀한 별빛의 낮은 데시벨
나선처럼 꼬아져 구름이 되면
눈망울에 다가오는 하얀 노래

눈이 내린다

무게를 지우고 무게로 내려오는
하얀 편린의 장중함
발로 밟으면 무게만큼 소리를 남기고
생의 자취를 흘린다
어디론가 사라져가는 흰색의 발자국

눈이 내린다

가을에 내리는 비는

가을에 내리는 비는
아쉬움을 남긴다

심장에 옴 붙어 지우지 못하는 미련
영혼을 흔들었던 상처들
쓸어내리지 못해 허둥지둥 내뺀다

볕살을 뽑아낸 껍데기,
대지는 기운을 잃어 먹먹해진다
뒤늦게 투명한 창공인들
가늘게 달려오는 빛줄기로는
풀 한 포기 안을 수가 없다

잎사귀 귀퉁이로 몰린 서정
가랑가랑 내뱉는 음률
눈으로 파고드는 슬픔
지상으로 내려와 소리를 접는다

차디찬 얼음의 이야기
온기를 털어낸 햇빛의 굶주림
나뭇가지 끝에 남아있는 아쉬움
메케한 뒤뜰의 쓸쓸함
피부를 꼬집는 냉기

주어 담을만한 건덕지가 없다
텅 빈 가슴은 울음이 된다

그래도,
울음 그치고 가슴 틀어
살짝이나마 빗장을 열면
좁쌀만한 낭만이라도
챙길 것은 있다

구름

스쳐가는 흰 구름이 있어
지우다 지친 아픔 띄워 올린다

부서지지 않는 불면의 성에 갇힌 채
딱지처럼 응어리 진 상흔의 더미

수심을 털고 싶다
침묵의 뒤편에서 두터워가는 우울증

이제는 멀리 가라
구름에 실린 얼굴이며 소리이며

게워내도록 아픔을 받아먹고
내장이 삐져나와 뒤집어지는 구름이어도,

맨살이 드러난 허공에
투명한 햇살이 짧게 꺾인
파란색이 유달리 곱다

아직도,
세포 귀퉁이에 웅크린 통증이
구름인 양
영혼의 한편에서 떠돌고 있다

비와 나

가늘게 내리는 비가
바람에 섞이면
공중에 흩어진 빗방울의 난무
젖어 함께 춤이고 싶다

폭포를 끌어와 소리로 내리는 비
빗줄기가 맵고 사납다
꾹꾹 눌러 참았던 서러움
빗물에 쏟아내고 싶다

추적추적
영혼을 긁어대는 비가 내리면
짐스러워진 앙금
아득한 곳 피안으로 보내고 싶다

오다 말다 서성거리는 비
주욱 달리지 못한 인생인 듯
이것저것 추려내어
가는 비에 포개고 싶다

영혼 깊은 곳으로 뚫어 내리는 비
이슬로 사랑스럽게 다가오면
메마른 가슴 적셔
파릇해지고 싶다

다시 빛난 태양
다시 일어서는 실존이여!

안개

잠깐이
형체를 입어
몸이 되었다
한없이 약하고 한없이 강한,

해가 뜨면 몸을 벗는다
간다 온다 말도 없이
종적을 끊는 무심함

멀리 있어도 가깝고
가까이 있어도 멀다
영혼마저 가두는 안개는
거리를 지우고 거리를 드러낸다

숨 닿는 곳에서도 아득한 사이여서
끝도 없이 쌓여 있는 뒤틀림
가리워서라면
별의 날을 기다려보자

가까이 오라
귀마저 침묵으로 길들여진
더듬이 시대가 자욱이
내려앉았다

태양은 쉬지 않고
안개를 쓸어낸다

마음에 차오른 안개는
그대 속내, 마안하게
오리무중이어서

나의 안개는 아직도,
머뭇거리기만 한다

눈

바람은 아프고 해는 차게 식어
적막이 너울로 일렁이는데

빛과 어둠을 아울러 보듬고
희어서 희어질 수 없는
눈이 내리고 있다

마음에 들어와 쌓인 눈이
하얀 감성을 엮어내면

곱게 자란 꿈마저 희게 되어
삶조차 하얀 춤으로
태가 바꾸어진다

방울꽃만한 송이에
하늘을
예쁘게도 담았다

소리를 잃고 소리를 낸다
어느 선율이 이렇게도
신비로울까

발밑에서 밟히면
희게 웃는다
보조개도 없는 웃음이
영혼을 훔치고 있다

스멀스멀 배어드는 한기는
검게 그을린 세상 희게 덮어
평등을 자아내는 울림이
조용히 쏟아내는 하얀 기운이다

세상사 어지러운 사연들
구름 속에서 하얗게 빚어져
가만가만 내려오고 있다

눈이 내린다

이슬

찰랑거리는 위태로움
터질 것 같은 포만감
곱게 구부러진 곡면에
미끄러지듯 부딪히는 햇살

살풋 내려앉은 곡선의 우주
이슬 한 방울이라면
이름 모를 무명의 풀잎이라도
꽃길을 가는 듯 몽롱해진다

해를 꺾어 속내를 들추어내면
일곱가지 무지개를 들키고 만다
프리즘의 예술!
명주실 같은 가냘픔 속에 숨은
장인의 손
알 수 없는 비밀이다

꽃이 품을 열어 귀한 손처럼 받으면
젖을 쏟아 아기자기한
사연 하나 남기고 훌쩍,
흔적을 걷어가는 이별이어서
섧기도 하다

앳된 여인 홍조 위에
탱글탱글한 뺨 적시는 이슬이라면
분 바르지 않아도 빗질하지 않아도
그 맨살 그 민낯이면
세상에 없는 그림이 된다

아지랑이

대지가 햇살의 청혼을 받는 날
홍조 같은 설레임이 떨림으로 피어오른다
두터워진 그늘의 두께만큼
빛줄기는 숨을 죽이고 저만큼 물러났던 시절

지구가 도리질 한번 하면
냉혈한처럼 굳어졌던 계절이
시간에 색칠을 시작한다

땅은 더 이상 침묵할 수가 없어서
스스로 문을 열고 눈짓으로
달달한 정을 스멀스멀 밀어내고,

달빛은 얼음을 버린다
고요 속으로 기운을 맡겼던
풀벌레,
꿈의 껍질을 벗고
아지랑이에 생태를 위임한다

솟아오르는 봄이
땅껍질 한 뼘 깊이까지 파고든
겨울잠을 끝내는 순간,

보이지 않게, 눈에 뜨이게
어른거리는 허공의 흔들림은
깨어난 시간이 품이 되었다는 뜻이다

2부

장미로
살고
싶다

3월

곱송그리게 웅크린 봄
까마득히 멀어졌던 꽃 시절을
땅 꺼풀 한 뼘 깊이에서
뭉뭉하게
밀어 올리고 있다

열기를 살짝 높인
빛줄기가 가늘게 떨고 있다
꽃향을 미리 맡아
들떠 있는 걸까

동녘 붉은 빛깔 바닥에
꽃소식을 얇게 입힌 듯…
방금 다녀간 여명
칼칼한 기색이 없다
새벽 깃을 세웠던 가시 바람이
봄기운을 마신 탓일 게다

3월은 봄을 연 채로
그림자만 안고 있다
그래서 3월은
배가 고프다

4월

시간을 곱게 오므려 품이 된 계절
4월은 봄꽃을 산란하고
젖을 물린 어린 신부인 양
꿈을 빚어내는 시절의 넋이다

개나리꽃이
노란 비늘만 남기고
떨어져 나간다
수액이 마를 새도 없이
녹색의 시대가 그 자리에
똬리를 틀고 있다

녹색 바람에
등을 떠밀려 나가는 벚꽃이
단음계의 노래로
허공에 울림을 남기고
하얀 시대를 접는다

4월은 아직,
꽃들의 자락을 움켜쥐고 있다
녹색의 틈새 그사이에
비집고 들어온 영산홍의 농염한 내홍
4월이 젖가슴을 풀어
안간힘을 쏟고 있는 게다

산기슭을 조금씩
훑어 오를 진달래를 기다린다
산마루까지 분홍빛 잔치를 펼치면
4월은 그제야,
끝자락을 거둘 것이다

5월

낮게 깔린 연두의 선율이
음조를 높여
선명한 초록이 되었다
연한 사월이 살짝 그을려
오월의 휘장이 열리고 있다

담장을 감싸 안은 장미 덩굴이
볕을 감아쥐고 있는 것은
속내에 붉게 쌓인 정염을
쏟아내고 싶은 게다

타오르는 계절의 입술
가슴을 가늘게 흔드는 전율
장미의 시대가
시간을 찢고 얼굴을 내민다

장미 가시에 찔린 릴케의 사랑,
오월이 사랑스러워 화촉을 밝히는
신부 예복의 너풀거림,
영혼을 휘감아 도는 장미 그 고혹의 향,

눈빛을 일렁이게 하는 핏빛의 언어
귀로 들리는 화사한 풍모
오월이 부끄러운 듯 옷을 벗고
야한 속살을 드러낸다

목련

겨우내 텅 빈 옛집
하얀 걸음으로 다시 돌아온
목련

딱지처럼 엉겨 붙은 옛정
고즈넉이 걷어내고
희디흰 속살, 봄바람 속에
편린 같은 낭만을 던진다

고공을 지나는 바람도
머물러가는 하얀 제전
흐드러진 목련들이
허공에 쓴 사연들, 햇살과 섞여지면
하얀 광택이 곱다

질박한 녹색의 꿈이
시간에 실려 밀려온다

손톱만한 자리라도
다소곳이 머무르련만
진액 같은 눈물 흩뿌리고
자리를 털고 일어서는 흰 이별

목련은,
아직 낮게 깔린 창공에
명주실 같은 애틋함 남기고
눈부신 살결 흙에 내어준 채
총총히 발걸음을 거두고 있다

목련이 지면

시간 밖으로 튕겨진 목련이
흙으로 녹아들어
순례자의 노정에 흰 분신을 던진다
고공에서 잠시, 아주 잠시
봄 노래가 된 향낭이
막을 내리고,

등걸을 뎁혀 하얀 시대를
야무지게 읊어내었던 바람
낯색을 바꾸어
그 하얀 웃음을 훑어내리고 있다

야한 자태를 밀어낸 자국에
진물이 흐르면 아픈 이별에
햇살이 진한 사랑을 열고
농염한 정사로 푸른 시대를 낳는다

탐스러웠던 목련의 꿈은
푸른 잎사귀마다
오붓하게 담겨 있다

아! 목련이다!
얼굴 젖혀 허공에 쏟아낸 탄성
이제는
추억으로 끌어안고 가련다

대체의 운명, 목련

통통하게 살이 올라
흰 살로 매혹의 시대를 연다

겨우내
밀랍에 갇힌 벌들
잘룩한 허리는
주림의 증거다

걸지게 차린 하얀 잔칫상
벌을 부른다
다육질이라고 벌들은
코 처박고 꿀을 빨아댄다

살을 내주고
목련은 하얗게 웃는다
바람이 초록의 시대를 몰래,
준비하고 있는 것도 모른다

대체의 운명이기에
초록의 새가 날아들면
하얀 새는 숨을 거둘 것이다

희어서 눈부신 꿈만 주고
떠나면, 목련은 그것으로
배부르다

동백꽃

붉어서 더 붉은
자지러지게 하는 애틋함
처연하게 고와서
가슴마저 붉어진다

소금기 가득한 땅에
용케도 버티는 뚝심에
고고한 자태가 신비롭고

손으로 만지면
손끝으로 전해지는
은밀한 소리
마음 귀로 받으면
동백으로 머물고 싶다

바다를 잔뜩 안고
휘몰아쳐 짭짤한 바람이라도

다사롭게 안는 너그러움은
붉은 색조가 선명해진 비밀이다

영혼 복판에 생존하는 사랑
동백꽃에 담겨진 꽃술에
존재를 던진 벌 한 마리
그 날개에 얹힌 채

나는 공간이동 시간 이동을
꿈꾸고 있다
내 사랑이 익어갔던 그 시절
내 사랑이 있는 곳에는 어디든지

단단한 초록에 맡겨진
붉은 운명이랑
끝없는 인연으로 함께
흘러가고 싶다

개나리의 봄

색도 풍채도 버리고
시선이 머물만한 구석도 없어
던져 놓은 운명이겠거니
투박한 침묵은 마냥 흘러가는가

하지만, 유전자 깊은 곳에
반짝 솟아날 비밀을 머금고
옹골지게 버틴 야생의 미학이여!

바랄 것도 없이 길게 늘어져
텁텁한 삶 그 내막에
때를 곱씹는 기다림,
산부의 인고를 닮아서 안쓰러움으로
바람과 세월은 어르고 지나간다

시간이 체온을 머금고
살금살금 다가와 가늘게 흩어진 몸
어르듯 보듬어 안으면
까칠한 폼새는 감히
황금을 꿈꾸다가 흙 뿌리로
황금을 피워낸다

노란 물결이 바람 너울에
간지러운 듯 퍼져 나간다

어느 틈엔가,
야트막한 야산은
개나리 향연으로 노랗게 웃고 있다

봄날

날 것으로도
먹을 수 있는 날
봄이 맛으로
살포시 내려앉았다

전두엽을 열지 않아도
뇌를 파고드는 연한 유혹
황홀한 멀미로 발걸음이
너울처럼 출렁인다

잔망스럽게 휘저어대는
빛의 희롱
겨우내 닫아둔 환희
꾸역꾸역 쏟아내는
분출의 욕망

시각 청각 미각 후각 촉각이
소란스럽게 요란을
떨고 있는 것은
봄바람이
촉으로 다가와서이다

몸은 오선지
심장은 연주자
맥은 선율
나의 봄날이
지휘봉을 잡았다

봄이다

살집이 좋아 하얀 살
장독 곁에
꿋꿋하게 제자리 지켜온 목련
창을 드르륵 열어제끼고
허기진 벌 모아들여
희게 익은 봄밥으로 배를 불린다

봄이다

탄탄한 탄력에 앳된 미모라야
노오란 옷태, 하늘이 내린
절세의 맞춤이라
거무튀튀한 개나리 등걸에
노랗게 내려앉아 자태라니!
봄날이 달구어지면
노란 음색 오선지가 너울지듯
세상을 채운다

봄이다

연한 바람 속에 숨은
분홍의 미소
진달래에 엉겨 붙어, 겨우내
깡마른 피골
산기슭 깊은 골 외로운 마루까지
곱게 걸려진 불꽃이
허공을 물들인다

봄이다

훌러덩 벗은 몸매
한없이 낮추어진 체온으로
동사한 듯 괴로운 침묵
달달한 바람 감아 돌 때마다
희디흰 웃음으로 창공을 흔드는
벚꽃의 시대가 힘찬 맥을 연다

봄이다

매화

겨울에 걸려있는 봄
봄에 걸쳐놓은 겨울

매화는 겉과 속이 현저히
다르다
찬 기운을 걸치고
뎁혀내는 꺼풀은 화사하다

꽃을 통해 겨울을 본다
꽃을 열고 봄을 느낀다

겨울을 잠재운 채로
봄을 희롱한다

흰 눈이 승화의 길목에서
매화나무에 걸려
꽃이 되었나

꽃잎을 열어놓고
바람을 부르고 해를 부른다

매화꽃이 바람과 해를
끌어안고 있는 것은
지나가는 계절과 다시 오는 계절이
매화꽃에서 닿아있기 때문이다

매화가 오는 날
겨울이 딱 한 방울 흘리는 눈물
매화꽃은 그 눈물 위에
겨울을 추억으로 보듬어 안고
깊은 봄으로 나아갈 것이다

장미로 살고 싶다

장미로 살고 싶지만
가시밭 인생, 가시를 세워
가시나무로 산 세월
여전히 장미 향은 틈새를 뚫어
시간마저 보듬고 있었다

여울인 양 흘러간 젊음
흙빛으로 가라앉은 시대 속으로
던져 넣고 저만큼 몸을 숨기면
장미가 아닌 줄 알았다

바스러지고 부수어져가는 꿈
문득 거울 속에서 아른거리는 청춘
시간을 휘어 집고
장미는 거기 있었다

자태는 여전히 아름답고
안갯속에 희끄무레한 운명
야릇한 유혹으로 다가와, 가만히
손을 뻗어본다

다시 솟은 일출, 격을 높여
붉은 장미는 또! 꽃을 열고 있었다

떠나는 장미

눈망울 흔들었던 색채의 향연
코끝에 붉게 번졌던 향은
노스탈자 같은 애잔함으로
골수에 배어 있다

유전자에 박혀있는 찰나는
영원 앞에 단단히 선 경계를 넘지 못해
맥없이 허물어진다

땅이 좋더냐 땅으로
고운 몸 던지고
바람이 좋더냐 바람 속에
화사한 빛깔 날리고
미련마저 걷어간,

흙 속에 빨려 들어간 호사
어둡게 내린 네 잔뿌리에
갱생의 꿈 실어
다시 오는 오월
요염한 시대를 또 피워보겠느냐

꽃길

(한빛 한의원이 조성한 꽃길)

질박하게 내려앉은 조막만한 우주
꽃, 그리고 꽃으로 잇대어져
짧아서 마음 고픈 화려한 거리
색깔들의 너울이어서
오선지도 없이 부르는 고운 선율이
망막에 내려앉는다

가슴에서 울렁증으로 삐져나온
심장의 파장
스쳐 가는 꽃들의 농염한 내음에
달아오르는 흥으로 정신이 흔들리면

시간을 버린다
잠시, 아주 잠시
영원의 자락이 살짝 내려앉았다

꽃으로 수놓아 황홀한 문장
내 발목 동여매는 사슬, 빛나는 결박이어서
나는 스스로 가슴을 적시고
흥건하게, 배부른 서정이 된다

마음에 조금씩, 천천히 쌓인
향과 색채로 눈송이
승화의 길을 가야 하는 그대들이지만
그 서러움 가슴 때리기 전에
눈동자 속에 꼭꼭 삼켜
앨범으로 추억하리

꽃의 시대

땅속에서 산통을 잔뜩 씹어
노랗게 된 싹이
허공으로 몸을 던진다
소리를 지운 소리는
꽃이 예쁘다는 징조이다

태양이
빛나는 손으로 어른다
바람이
냉기를 뒷켠으로 던진다
대지는
지궁인 채로 자양을 뿜어낸다

삭막을 깨고 피어날 시대
꽃의 날을 갈망한다

봉오리가 드르륵 문을 열었다
세상이 오그라들 미색이
눈을 뜨고 기지개를 켜고 있다
찬란한 시대의 프롤로그

흐드러진 노래, 색과 색이
농염한 빛깔로 연주되고 있다
소리가 눈으로 다가온다
색깔의 유희가 귀로 들려온다

가슴 쓰리게 했던 시절
침묵으로 억압했던 겨울이
이제 꽁지를 거두고
세상이
꽃의 제전에 휩쓸리고 있다

그냥 이대로
끝없이 흘러가라 꽃의 에필로그여!

꽃과 나의 봄

허공은
꽃잎 하나로도 채워진다
세미하게 쪼개지는 빛줄기가
흐르는 바람을 타고
꽃에 머무르면

꽃 향이 파문으로 번져나가고
아득히 영역을 넓히는
꽃의 이야기
코끝으로 들리는 소리 너울로
푸른 창공은 출렁인다

꽃이 사랑으로 흘렀던 시대
가슴에서 피어나는 꽃이 있어서
꽃이 올 때면 영혼이 떨림이 된다
심장 안에서 화사했다가
심장 밖에서 그늘로 돌아선

아픈 꽃이여!

그늘도 없이 그늘을 빚어내는
꽃그늘은
꽃을 지우고 꽃을 인화한다
그늘마저 색칠하는
열정의 꽃은
아직도 생생해서 아프다

시간 뒤편 침묵 속에 웅크렸던 꽃이
시간을 벗기 위해 다시,
시간을 입는다

어느덧
대지는 속살 깊은 곳까지
태양을 받아들인다

나의 봄은 이렇게 온다

강아지풀 같은

가늘어서 강아지풀이지만
지나가는 바람 되돌아와
휘휘 감고 톡톡 발길질에
암팡지게 버틴 뚝심

농탁한 진액으로 꽉 찬 풀대 속내
그래보았자,
한해살이 옹그라진 팔자라서

그래도,
풀씨로 자손만대 봄기운 타고
땅가죽 뚫어 푸릇한 시대 또,
열어 헤벌쭉한 웃음
근근이 이어가는 근성이여!

강아지풀 같은 생
돌돌 말린 삶의 자취
멍석 펴듯 넓데하게 깔아도
잘잘한 상흔만 질펀해서

차라리,
강아지 풀씨 속에
한 생애 구겨 넣고
강아지풀 생태 그 등판에
생을 던져볼까 보다

여름

늙은 봄이 토한 농익은 볕
탐학의 입을 벌린 지구
게걸스럽게 먹어치운 햇살
펄펄 끓어오른 체온으로
여름을 쏟아낸다

열기를 한 겹 벗기면
두 겹으로 두터워진 열기
심장으로 밀고 들어온 여름
감각의 뒤안길로 밀려난
낙엽의 꿈

가죽을 달구는 열풍
그늘에서 숨이 떨어진다
섬유를 파고들다 서늘함으로
종을 바꾼 바람

바람 사이에서
잠시 정신을 식히면
여름은 멈칫거리다가
되돌아온다
아직 가을은 멀다
뉴스에서 폭염주의보가
흘러나오고 있다

겨울의 본색

일곱가지 무지개 빛깔의 융합
승화의 길을 걷는다
흰빛으로 용태는 바꾸어지고...

일곱가지 무지개 색깔
네거티브 정글 속으로
뛰어들면 그 처절한 쟁투
본질을 놓아버리고
검정으로 낙점한다

어쩌면 겨울은
흰 빛깔과 검은색이
이 끝 저 끝 한끝씩
붙잡고 있는지도 모른다

어둠이 덮쳐오면
삼라는 검게 신음하고

찬란한 태양이
언 밤을 녹이면
검게 그을린 만상은
흰 웃음으로 낯빛을 바꾼다

울음과 웃음이 반복되는
검은 통증과 흰 미소의 만남
새끼줄처럼 꼬아지는 부조화의 끝점
이게 겨울이다!

3부

봄이 오고 있다

초록의 시대

초록은 마음에서
꿈으로 잠들어 있다

살갗에서 무겁게 힘을 주었던
까칠한 시간이
맥박을 늦추는 것은
푸른빛 여명이 눈앞에서
서성거리기 때문이다

허기를 꾹꾹 눌러
파리한 나무 등걸과
암팡지게 버텼던 가지들
이제는,
땅 먼지를 끌어올리는 바람이어도
웃음기를 머금을 수 있다

서서히 열리는 무대를 기다린다
먼저 선착하는 꽃들의 시대
날아올 벌들 날개마다
초록이 앙큼하게
포개져 있다

건조하고 투박한 휘장
음울하게 닫혔던 겨울이 제껴진다
뜨겁게 내디딜
광합성의 날
은근해진 햇살 끌어안고
근육을 키우고 있다

방금 벌들의 나래
그 얄팍한 등에서 미끄러진
연초록들
꽃 향연에 섞여진 채
좁쌀 같은 창, 움 여는 소리가
허공을 흔들고 있다

봄이 오고 있다

봄은 발자국 소리를 낸다
방금 겨울을 지우느라고
거칠어진 숨소리는
까칠한 바람으로
피부에 얇은 떨림을 남긴다

봄은 향이 있어
허공에 흩어진 볕살에
엉겨 붙으면 간지러워서
빛줄기가
가늘게 흔들린다

봄은 달큼한 노래로 다가온다
깊은 잠에 떨어진 나무들
닫혔던 귀 깨어서 살풋 열리면
땅 깊은 곳 뿌리가
알아채고 습기를 낚아챈다

봄은 냉기 그 껍질을 뜯어내고
묻혔던 색깔을
가만히 끌어낼 것이다
더 이상 숨을 수 없는 시대
꽃마다 유전자를 열어
색을 뱉어낼 것이다

봄은 그리움만으로도 곱고
기다림만으로도 화려하고
산 넘어 멈칫거리고 있을 때에도
차고 넘친다

봄이 오고 있다

봄을 기다리며

서귀포 남단 끝자락에서
소금기를 섞어 통통하게 살이 오른 바람
차겁게 무거워진 몸
얼음 꺼풀 한 겹 벗겨내더니
볕에 얹혀져 살짝 데쳐진 채

슬금슬금 밀고 올라와
나무마다 대지마다
문장을 넓게 펼쳐
피부를 문질러댄다

하늘은 차게 얼어있다
벌레들은 오래전에 흔적을 놓고
모습을 내밀지 못한다
매화 냄새를 맡지 못했다고
손사래를 친다

겨울밤, 그 찬 기운에 생생한
별들의 무도회가
조금씩 생기를 잃어가는 것은
지구가 계절을 바꾸겠다고
결심했기 때문이다

그리움 속 영글어진 봄 이야기
허물 벗겨내느라고
안깐힘으로 몸을 비틀고 있다

아직
옷은 두텁고
열기로 달구어진 방이
익숙하지만
문틈으로 스며들 봄
턱에 닿아 있다

목련이 창문 여는 소리
낮은 허공을 가늘게 흔들어
여울을 빚어내면
피어날 봄, 그 민낯을 기다려본다

겨울꽃

꽃은 까칠한 절기를
견디지 못한다

겨울이 숨을 감추고 가늘게
다가와도
빛나는 햇살을 쏟아부어도

벌거벗은 채로
침묵은 깨어지지 않는다

아름답지 않다
삭막이라는 덧칠로
서슬 시퍼런 가시 바람이
마구마구 손질을 해대면
꽃의 기억은 부스러기만 남는다

아름답다
가당치도 않은 탄성이, 허공에
수증기 방울 같은 울림으로
남아 있는 것은 별빛이
푸르기 때문이다

마안하게 멀어진 별빛만은
봄을 담고 있어서

봄꽃은
우주를 유영하는 푸른 별빛
그 품 안에서, 잠시
잠들어 있다
바람 속에 가시가 맥을 놓을 때까지!

그래서, 겨울꽃이다

겨울이 왔지만

피부가 느끼는 겨울과
마음이 느끼는 겨울은 다르다

가파르게 살았던 생
엄혹한 냉기에서 봄을 익혀내는 비밀을
한 아름 안고 있어서
까짓것,
고갯짓 한 번이면 족하다

비단이 너풀거리는 색채 진한 삶도,
있다
누더기 덕지덕지 섞인 태풍이 몰려오면
비탄의 맷돌에 갈려
티끌로 날아가기 십상이다

봄의 한복판에서도
기세가 꺾이면 혹한을 만드는 마음
파충류 피부로는 어림없어
저체온증으로 숨이 간당간당해진다

영혼을 냉동시키는 겨울은
본래,
화려한 고공에서 서식하는 괴물이다
바닥에서 맞닥뜨린 찬 기운에
삶을 던져보아야
겨울보다 센, 생이 된다는 것을

겨울의 역설

겨울은
별의 부스러기라도 값이
껑충 솟는다
한 줌의 다사로움이라면
석양이 버리고 간 햇살도 반갑다

혈기처럼 광란하는 불꽃이
다정한 웃음기로 표정을 바꾼다
태워지는 허무는 진홍의 유혹에
잠시 묻히고, 어느새 화염 껍질은
고운 그림이 된다

삭풍에 기운이 떨어진 하늘
푸른빛이 푸르지 않다
연기처럼 사라져간 시절이
가루처럼 허공에 흩어져 있다
서름서름한 구름 자락에
달큼했던 냄새로 추억을 붙든다

숨넘어간 얼음 개울 너머
멈춘 듯 어른거리는 봄 그림자
뚝심을 쏟아 냉기를
잘도 버티고 있다
화려한 꿈이 너울로 흐르고 있다

꼭꼭 닫아둔 밀실
손 잡고 익혀내는 그리움이
손톱만한 꽃 흔적이라도
빚어내는 환상의 이부자리
어느새 계절이 바뀐다

그래서 겨울은,
텅 빈 듯 채워지고
채워진 듯 비워지는 역설이
앙큼하게 도사리고 있다

가을

살갗에,
쓸쓸함으로 찔러오는 바람
각을 세워 알리는
가을의 인기척이다

사색의 미궁에 넋이 갇힌다
살짝 내려앉은 빛으로
감성이 얼룩진다
스쳐 지나간 여름 열기는
꼭지를 떨구고 그림자로
내몰린다

시간이 붉은빛을 띠고
무거운 발걸음으로
어기적거리는 것은
마음이
노래를 거두었기 때문이다

거울 속에서
세월이 울음이 되어
내 대신 얼쩡거리고 있다

가을이 볼록하다
시간을 당겨
술인 양 들이킨 탓일 게다

가을이 먹먹하다
가물거리는 저만큼
힘 빠진 늙은 계절 냄새에
맥을 놓아버린 걸 게다

가을은 올라오라고 한다
생생한 기운으로
새로운 푸르름을 위해
그을림을 빚어내는
잠시라고...

가을은 내려가라고 한다
노을의 발뒤꿈치에
매달려있는 침묵이
잿가루로 뿌린 우울증이라고...

설레임과 서글픔 사이에서
서성거리다
나는 서서히
아픈 가을이 되어간다

낙엽의 편지

여름 내내 쓴 편지
무슨 사연이 그리 많아
색까지 바꾸었을까

못내 그리운 임
잊지 못해
멍들었던 마음이어서
푸른색으로 아파하는 잎

가슴 조이며 애태우다가
마음마저 노랗게 익어
잎을 떨구어내는가

바스러진 흔적을
흙 속에 파묻은 채
봄으로 가는 긴 노정에
몸을 맡기고

봄빛이 대지를 감싸 안은 날
누군가의 뿌리를 붙들고
꽃으로 피어날 것이다

그래서 낙엽은
발갛게 익은 웃음일 수 있고
먼 미래의 예쁜 꿈일 수 있는 것을

낙엽, 그 인생

하늘은 이다지도 푸른데
그 높은 고공에서
푸릇한 기운을 지키지 못하고
기진한 잎이
떨어지고 있다

청춘을 버티지 못한 인생
파란 빛깔 꿈을 놓치고
이렇게
삶의 뒤안길로 떠나가는가

허공을 더듬고
내려오는 색채들의 안간힘
언젠가는 바스러질 소멸의 날을
밀어내고 싶은 것이다

한순간이라도
숨 한 번 더 쉬겠다고
헐떡이는 목숨이지만
시간이 칼바람으로 지나가면
무참하게 부서지는
낙엽을 닮았다

가을이 낙조인 것은
추락하는 낙엽이 있어서이다
가을이 슬픈 노래인 것은
흙으로 스러지는 낙엽이
신음소리를 내기 때문이다

삶과 죽음이
방금
바람이 훑어 내리는
가지각색의 소란스러운 낙엽
그 울음인 것을

가을이 슬픈 것은

가슴으로 들어와
가슴을 저미게 하는 이여!
영혼을 흔들어
영혼을 쉽게 하는 이여!

하늘은 청청하고 맑아서
먹먹한 가슴이라도
고운 결로 얇게 스치는 바람은
신열을 식혀 휴식을 뿌리고

오색의 잎사귀로 치장하고
농익은 과실로 광을 낸 가을이건만

가을이 웃음기를 거둔 것은

스러지는 기울기 탓이다
어둠을 물고 있는 석양을 닮아서이다
성큼 다가올 침묵의 계절
겨울 냄새를 맡았기 때문이다

그리고 영락의 뒤뜰로 사라져 가는
슬픈 인생을 업고 있어서이다

늦여름 코스모스

모양도 풍채도 없이
질기고 거친 생명 하나로 버틴
들풀 그 촘촘한 군락에서
가늘고 여린 태생 공중으로 솟은
우아한 자태여

여름 어귀에서
애처롭게 터뜨린 꽃망울
허옇게 달구어져 나른해진 허공을
고운 색채로 동그랗게 가둔다

짝을 부르는 귀뚜리 소리에
가을인 줄 알고 창을 열었나 보다

폭염에 끓어오른 대지를 식혀
코스모스 정취로 여름을 서늘하게
덮고 싶은가 보다

이산 저산 걸쳐 엮는 구름다리인 양
여름과 가을 사이 기다란 몸 눕혀
격조 높은 계절,
그 여정을 열고 싶은가 보다

벌써
가을이 그리운 사람들
여름 늑골에 갇힌 채로
어느덧 코스모스가 되어
목을 길게 뻗어 가을을 기다리고 있다

은행나무의 변증

초록 잎의 언어는 시가 되고
노랑 잎의 언어는 철학이 된다
초록색 안에 낭만이 있고
노란색 안에 우수가 있기 때문이다

초록의 잎은 해를 먹고
노란색 잎은 해를 뱉는다

먹을 수 있는 것을 먹을 때
시가 흐른다

먹을 수 있는 것을
먹지 못할 때
철학은 시작된다

가을이 짙은 화장으로
다가오면

누구든지, 아름답다!
그 자태에 시인이 되지만
잠시 후, 아주 잠시 후에
칼바람이 스치고 간 흔적

전율과 공허만 걸려있는 빈 가지
그 쓸쓸함에
그리움이라는 뒤안길에는
철학이 낙엽처럼 뒹군다

가을은, 지구가 만든
철학자이기 때문이다

은행나무

가을이 오면

나무마다 고별의 잔치가
형형색색으로 벌어진다
은행나무는 헤어지는 통증을
노랗게 익은 노래로
쏟아낸다

바람과 태양과 초록의 통정
여름 내내 이어지더니
이제는
진한 연정을 버리려는가

해가 식으면 바람이 눈치를 채고
푸르름의 시대
그 휘장을 닫아버리기 때문이다

초록을 잃고
허공을 버틸 수 없는 은행잎은
지상에 자리를 깔고
노랗게 겨울 침상을 꾸민다

꿈으로 떠나는 화려한 여행에
시간을 던지고 싶은 것이다

스러지는 것은 슬픔이 아니다

긴 잠 깨고
은행나무에 예쁜 봄 자락이
감겨 오면, 다시
터져 나오는 초록의 노래,

쪽빛 창공이
다사롭게 품을 열면
푸릇한 은행나무의 시절은
또, 그렇게 피어오를 것이다

청옥 송, 소나무 분재

어르고 만져서
곁에 붙박아 두고팠지만
말라버린 영겁의 그림자
너를 지우고 쉽히
돌아선다

싸매지고 봉해지고 조여지는
아픔의 세월
애틋한 눌림의 순간들
어느덧 모양이 바뀐다

하늘로 솟구치는
푸릇한 생태의 상실

작아서 예쁜,
줄어진 시간의 흔적
위로 좌우로 뻗고자 하는
방자한 생리는

오래전
숨을 거두었다

오므려진 본성
야성을 파묻고
곱게 길들여져
상처로 거듭난 품종

갇혀서 흐름, 생존
옹그라져서 세월, 존재의 근거
무한 수축이 아름다움이 된
트라우마의 대부여!

다시 태어난다면
멀리 씨로 날아가라
사람들의 시선 밖이
행복이 아니더냐
거기에 야생의 도도함이 있나니!

4부

잠시지만

아파하지 마세요

향이 가시나무를 스치다가
찢긴 상처
흐르는 붉은 피는
향을 쏟은 꽃을 처연하게 하네요

아낌없이 내어준 살이었는데
튕겨져서 아픔이라니
가슴이 헤어지면
어찌 추스르라고요

꽃잎을 열어 내비치는 속내
해마저 시기 나게 하는
농익어 찬란한 비밀이었네요

눈물 젖어 곱디고운 꽃이여
아파서 요염한 꽃술이여
뚝뚝 새어 나오는 진액은
광채나는 사랑이었습니다

사랑할 수 있다는 건

사랑할 수 있다는 건
심장이 오선지일 수 있다는 것
사랑할 수 있다는 건
사람이 색깔일 수 있다는 것

삶이 그냥 끈적거리기만 하면
되는 대로 흘러가고
내키는 대로 내어던지면서
유전자 값만큼 살면 되겠지만

바람을 달리 해석하고
울고 웃는 감정
사계절이 뭉쳤다 흩어지고,
가는 비 굵은 비 소리에도
열고 닫는 마음이기에,

아련히 비치는 그림자
성큼 촉 안으로 들어오면

뭉뭉하게 떠올라 넋을 움키는 환상
꽃으로 농염한 잔
시간이 휘어지고 있다

사랑할 수 있다는 건
심장이 오선지일 수 있다는 것
사랑할 수 있다는 건
사람이 색깔일 수 있다는 것

만남이라는 것

눈빛 속에
고요히 일렁이는 속삭임으로
꽁꽁 닫힌 심장을
밀치고 들어온 그대여

은밀하게 꼬불쳐둔
침묵의 언어,
그것은 벌겋게 익어 누군가에게
내어 줄 마음이었습니다

진액처럼 흘러나와
송글송글 내 혈관벽에 맺히는
그대 음성
어느덧 피처럼 붉게
내 영혼을 휘젓는 커다란,
울림이 되었네요

인연이었는지!
숙명이었는지!
그대가 펼치는 아우라에
파묻었던 생,
행복이었노라고 나는 지금,
외치고 있답니다

그리움

말갛게 치워진 빈터
채워지기를 갈망하는 주림이
누군가를 손짓하네요

아직 그리움은 태 안에서
해산을 기다리는데
그림자라면 스러지겠지요

형체도 없는데 벌써
붉은색으로 물든 마음
흐릿한 실루엣에 취해서일까요

눈망울은 성급하게 젖어있고
귀는 먼지가 쌓이는 소리에도
열려 있는데

흘러가는 시간일랑 미련스레
꼬옥 붙잡아 두고
그대로 그리움인 채로
돌기둥으로 서 있습니다

겹쳐짐

우연일까요?
번번이 겹쳐지는 동선
어디서나 무심히 살갗에 스치는
바람이겠거니,

마주치면 시선이 겹쳐지는 불편함
빨려 들어간 시선
등 돌려 그대를 지웁니다

지워질 낙서인 줄 알았습니다
지운 자리에 그대가 보이네요
마음이 겹쳐진 걸까요!

한 마디 던진 말, "사랑합니다"
용기란 힘을 잔뜩 실었지요
실존이 힘이 되면 산 같은 장애도
뚫어내는 비밀이 됩니다

어느 날 겹쳐진 우리의 영혼
너와 나의 운명이 뭉쳐지는 날
지금까지 주욱 이어진 인연
사랑이란 게지요!

잠시지만

갖고 싶지만 가질 수 없는 게
사랑입니다
사랑이 영원한 것이라면...

내 앞에 있는 그대여
그대를 가졌지만
영원 속에 가둘 수가 없어서,

그대 떠나는 날
오고야 마는 날이기에
그대 먼저 혹시,
내가 떠나는 날 오고야 마는 날이기에

그래도,
그대가 잠시 내 곁에 있는 동안은

나는 그대를 사랑한다고
외칠 것입니다

아픈 내 사랑아!

내 삶 구석구석 채웠던 빛의 파편
잠시, 아주 잠시 거두고
통증으로 가늘게 새어 나오는 신음

서산마루 뒷켠으로 낮을 던진 태양
그 빛어진 산 그림자인 양
검붉은 색 슬픔에 마음이 잠긴다

큰 숨 쉬려고
잠깐 숨이 멈칫거리는지

색조를 잃은 감성이
마음에 휘장처럼 드리우면
맥박은 죽은 듯 느려진다

아침 빛 이슬에 젖은 미소랑
파릇하게 생동하는 이파랑치 생기랑
탱글탱글해서 농염한 꽃잎 그 자태랑

사랑아
햇살로 다시 꿋꿋하게 피어오를
너의 시대를
시린 가슴으로 나는
기다리고 있다

부부

한없이 멀고 한없이 가까운 나
혼인은 나를 나누는 작업이다
독거 욕망은 너를 밀어낸다
짝짓기 욕망은 너를 품는다

품 밖의 너 품 안의 너
침대에서
벽을 보고 잘 때는 홀로이다가
고독이 몸서리를 내려
다시 그대를 안는다

하룻밤에 수십 차례의 뒤척임
필요 없는 너 절실한 너
두 시대 두 흐름 두 자아
교차하는 혼란이 침대의 비밀이다

홀로 살 수 없어
그대를 부른다 목이 터지도록
곁이 거추장스러워
거머리처럼 영혼을 꾸부린다

충만과 공허의 중간 지대
딱 한가운데 처한 인생
어중간한 좌표
다시 지우고 다시 설정해도
그 자리를 벗지 못하는 나

나는 여전히 그대가 보고 싶다

그대 눈물

왜 우느냐고 물으면
침묵으로 눈물만,
흘리고 있네요
먹먹한 정적이 가슴을 에이네요

넋이 헤엄쳤던 커다란 눈
나의 낭만이 붉게 익어갔던
호수였기에
넘쳐서 흘러나오는 눈물에
정신이 흔들리네요

왜 우느냐고 물으면
젖은 눈망울로 바라만 보는
깊고 깊은 시선이
전율을 자아내는 것은
그대에게 매인 탓이지요

살짝 내려앉은 햇빛이
눈물에 부딪히면
왜 그리 설운 색깔로
반사되는지,
미음은 격랑이 입니다

왜 우느냐고 물으면
가늘게 새어 나오는 음성,
신음인지 탄식인지 알 수가 없어서
내 오감은 그대를 읽기 위해
몰려 들어갑니다

방울로 떨어지는 눈물이
당신의 것이고 나의 것이기에
내게 흐르는 시간을 다 써버리고
바닥 낮은 곳에서 웅크린 채
그대의 웃는 날을... 웃는 낯을
하냥 기다립니다

사랑하는 그대여

내 인생 복판으로
밀치고 들어온 그대
그리움이 가슴을 아릿하게 하는
황홀한 아픔으로
마음을 휘젓는 무엇입니다

품 안에 넣고 그 체온에
깊이 뎁혀진 밤
여전히 목마르고
밑이 뚫린 허기는
설운 물살로 밀려오고 있습니다

짧았던 만남은
아직도 이어지고 있는
영원의 속살입니다

붉어서 더 붉은 욕망은
우주로 길게 뻗은 코로나
그 불꽃입니다

그래서,

벗고자 합니다
그대를 다시 더 두텁게
영혼에 두르고 싶어서

잊고자 합니다
지워진 백지 위에
무지개로 단장한 그대를
그려 넣고 싶어서

곁을
비우고자 합니다
영겁으로 단단해진 맺음의 사슬
그 끈으로 그대와 나 사이를
꽁꽁 결박하고 싶어서

나는 지금도 그리움에
흥건히 젖어 있습니다
그대 곁에서,

생신을 축하해요

첫날에 스며들어온
영상으로 꿈
그림자도 없는
진홍의 불꽃이었습니다

머리 위로 달이 떴다 사라지고
별들이 푸른 빛 명암을
수도 없이 바꾸어도
시간은, 여전히
무지개 빛깔로 너울지고 있네요

삶이 무게로 다가오면
아픔이 잠시
그대 걷는 행로에 낙엽인 양
떨어져도, 고운 자태는
흔들리지 않았습니다

이제 세월은 더 이상
바위를 깎아내는 징이 아니랍니다
그대 품 안에 파고들면
절묘한 색채를 자아내는
장인의 손이 됩니다

그래서, 그대는
붉은 장미인 채로
새초롬한 잎인 채로
황홀한 선율인 채로

내 생을 감싸는 아우라로
아주 조금씩 얇아져가는
숨의 순간들 그 채움이 될 것입니다

휘감아 도는 그리움이
눈앞에서
더 선명한 그리움으로 짙어진 연유는
단단히 여문 사랑 때문입니다

생일을 축하해요!

이별의 날

언젠가는 다가올 그날

엄혹한 삭풍만 살을 에이는 건 아니다
낮이 깨어지고 밤이 깨어지는
그런 날
살과 살 사이에 휑한 공허가
벼락 치듯 다가오는 이별

한없이 긴 더듬이가
영혼에서 빠져나온다
촉으로만 짝짝 뭉친 신경
늘 그대만 살피던
내 오감이 허공을 더듬고 있다

불로 사르고 물로 훑어내도
내 곁에서 맴도는 사랑의 그림자
빛과 어둠이 경계를 잃는다
어둠보다 더 짙은 어두움

사랑은 이토록
파괴로 다가오는가
일몰과 일출이 한 가지로
얽혀있다

열정에 재고가 없다

너의 살과 뼈와 피로 조합된
생명의 찰나이더냐

사랑하는 이여!
부를 수 없어서 아프고
만질 수 없어서 섧다

내 영혼에 서리가 내린다
가만히 나를 멈추게 할
황홀한 한기, 그리고
그 끝에 매어달려 긴 잠이여!

언젠가는 다가올 날

내 사랑 장미!

후각에 투사된 그리움
향으로 다가온 장미였습니다
꽃잎으로만 있어도
단단한 나의 넋이라도 마구,
흐트러집니다

휘어질 듯 감아쥐며
첩첩으로 두른 속살의 향연
돌돌 말려 들어가는
황홀한 동심원이 깊고 깊어서
모든 것 쏟아붓고도 여전히 쏟고 있는...

다 잃어버리고도 펄펄 끓고 있는,
심장은 탈이 난 게지요
이렇게 예쁜 덫이어서
붉게 감염된 사랑의 병은
덫마저 탐하는 광기로
가는 걸까요

머물러서는 안 되는 것은,
자꾸 밀어내는 눈치
뾰족한 가시로 홀로의 길
몸서리 같은 고독을 지키는,

너무 아름다워 서러운 장미는
스러지면서 아픔을 남기네요

빙점과 비등점

멀리 안갯속 하얗게
휘장 드리워진 환영
빛줄기로 뎁혀지면 사라지는
꿈인 줄 알았다

부서지는 정밀
혼자 누리는 평화는 구겨지고
서릿발 같은 촉이 죽순처럼
솟아나는 촉의 아우성

사랑이
힘겹게 산란되는 아픈 현장
얽혀지는 감정의 뒤엉킴
경계가 허물어진다

어긋남과 어울림의 나선
피멍 든 사연
봄 여름 가을 겨울이 섞여있어서
얼얼한 혼미의 카이로스

겹쳐진 체온
빙점의 종말

사랑은 곁에 있고
버거운 여정이었지만
실존 안에 들어온 행복 그 비등점!

밤과 꿈

낙조가 색깔을 거두면
시간이 잠시 숨을 멈추고
자욱하게 깔린 정적

심장을 달구었던 시절
곱게 추려낸 이야기들이
꿈으로 찾아든다

문득,
콧김으로 다가온 인기척
붉게 물든 침묵으로 다가와
내 넋을 휘감는 당신의 넋이다

밀려드는 정감의 너울
꿈의 껍질이 벗겨지면 더 깊은 꿈으로
밤은 미끄러지고,

여명의 나약한 빛이
흔들면 깨어날까
숙성된 빛깔
아침이 닦달하면 꿈을 털어낼까

가늘게 땋아 내린 햇살이
앳된 진홍으로
창가에 걸터앉아 있다

아직도,
달달한 꿈에 취한 밤
꿈을 벗지 못해
흔들리는 아침, 다시
휘어져 뒷걸음질 치고 있다

우리 어머니

낙엽처럼 바스락 소리 나는
우리 어머니
봄기운이 빠져나가
깃털 같은 몸도
천근만근이다

낙엽 쓸어 담던 고향집 뒤뜰
그 쓸쓸한 적막이
곱디고운 낯에 세월을 뿌려놓고
눌러앉아 있다

눈 마주치니
낡고 가늘게 흘리는 웃음
벌어진 입이
텅 빈 항아리 같다

울음이 된 채 어느새
내 영혼이 빈 항아리 속으로
빨려 들어간다

쳐지신 눈꺼풀 넘어
고향으로 찾아오신 어머니 눈빛

내 인생의 조감도가
거기에 있었다

어머니 사랑합니다

첫 만남

여명을 뚫어 핏빛이 된
아침 햇살 한 줄기가
마음을 휘감은 날

만상을 바꿀만한 사랑이
마르지 않는 늪처럼
가물었던 품에 고즈넉이
스며들었다

떨어낼 수 없는 전율

혈관에 웅크린 정염이
몸 밖으로 터져 나온다

눈을 감으면 잔상으로 다가온다
눈을 뜨면 그리움으로
눈을 가린다

시간이 포승줄처럼
너랑 나를 묶었던 시절은
낙엽 빛깔로 낮게 가라앉아 있다

푸릇했던 웃음이
세월이 살짝 엉겨 붙은
고운 낯에 살풋 내려앉으면

첫 만남, 그 붉은 설레임
가슴은 여전히 붉게,
물들어 있다

눈이 부신 그대

철든 시절로
옷을 갈아입는다

소리로 다가오는 그리움
귓가에 울리는 음성에
꽃가루가 묻어있다
어절마다 음악인 것은
영혼이 열려서이다

빛깔 바꾼 그대 속내
긴 시간 마음 토닥거렸던 하얀 손
내 손안에 포개져 겹쳐지는 체온
살아갈 힘이 된다

영혼 구석구석 숨어있는
빛나는 아름다움이
겉으로, 휘장을 제치고 드러나는
절묘한 실존

지금 눈앞에
막 도착한 그대가
눈부신 자태로 서 있다

5부

또 하루가 지나간다

청춘이여

때깔이 벗어지면 밀고 들어오는 적막
돌벽을 깎아내리는 시간을
털어낼 수 없다

무지개를 빠져나온 유희의 자리
거기에 잠시 머물다 슬그머니 꼬리를 감춘
빛깔 진했던 시대

어느 틈엔가 푸른색으로 뛰던 맥
갈색으로 느려지고 서러움이
낙엽처럼 삶의 바닥에 깔린다

그대 손을 잡는다

존재와 부재 사이에 마련한 디딤돌
그 위에
마음을 세운다

식었던 웃음에 색칠을 한다
시간의 허리춤을 붙안고
뒤로 당겨본다

아! 아! 그대여! 청춘이여!

외상

단단히 뭉친 앙금
그 내막으로 들어가면
울음과 떨림이 뒤섞여있어
핏방울이 새어 나온다
마음에 빗금이 요란하다

가슴으로 보는 얼굴
끝도 없이 쌓이는 잔상의 더미
귓밥으로 엉겨 붙은 소리의 허물
입을 달싹일 때마다
떨어지는 낙엽이 바스락 소리를 낸다

신음 앞에 어른거리는 내일의 꿈
보듬고파
가슴 후벼 파서 우물 같은 구덩이를
만들면
앓는 소리를 쏟아놓고 내뺀다

사람이 가파르다고 느끼는 순간
까마득한 담을 세운다
거친 돗자리를 깐다
새우잠으로 휴식을 먹는다

언제나 깨려나
끝도 없는 숨소리가 길게 늘어진다

희망

생활은 정직해서
있는 그대로 내가,
나를 뒤따라온 발자취에
투사된다

곧게 좇아온 직선이 아니다
멈칫거리다 휘어지고
뱅뱅 돌다 뛰기도 한다
늘어진 맥, 숨이 턱에 닿아서
눈빛이 빨갛게 되었던, 그런
흔적도 있다

열정은 재고가 남아 있을까

바람에 나부끼는 생
운무 속에서 아른거리는 운
흙 속에서
싹의 시대를 기다리는 웃음

솟아오른 일출이
마음에서 붉게 타오르는 것은
생에 자양을 내어주는 꿈이
일어서 있어서이다

나는 아직도,
살아가야 할 실존이니까

송구영신

떨어져 나간 행적의 부스러기들
긴 팔 뻗어 과거를 다시,
끌어오고 싶다

차게 얼어붙은 하늘은 아직,
검은 휘장을 거두지 않고
낯선 태양이
붉은 머리를 들어 올린다

가지 마라
가거라
서성거리는 미련

정해진 궤도를 설레발을 치고
기어오르는 해
아프게 벗겨져 말라가는
여명의 허울
아직 추억의 한 끝을 놓지 않고 있어서

가야 한다 내일로,
다시 뭉뭉하게 떠오를 미래,
세월에 허비어진 상처
고향처럼 싸매는 품으로
그렇게 다가오리라

점프 유전자

삶은 그 자체가
던져진 모험이랍니다

망망대해에 떠 있는
일엽편주는
고요한 햇살 속에서는
그림처럼 흘러가죠
오선지 음표처럼 그렇게 말이죠

하늘, 그 낯색이 일그러지기 전에는
시와 노래가 펼쳐지네요

삶은,
들여다보기에는
너무 깊고 너무 캄캄해서
그냥 놔두고
오선지에 얹혀놓고 흔들면
노래가 되는 거랍니다

턱, 숨이 막히는 산이
눈앞을 막아섰나요
앞뒤가 꽉 막혔나요

우리 안에 실망보다 더 큰
점프 유전자가 있답니다
영혼을 조금만 비틀어도, 틈새로
스멀스멀 삐져나오는 묘한
힘이란 거죠

삶은 항상,
땅에 납작하게 붙어 있어서
고개만 젖혀도 하늘이 있고
숨 한 번 크게 내쉬면 점프 유전자는
태동을 시작한답니다

병원

가늘게 꼬아진 신음
병실에서 스멀스멀 새어 나오는
구멍 뚫린 인생
탄생의 울음에 뿌리를 뻗고 있다
사람은 고생을 위해서 났나니(욥기서 5:7)

삶의 뒤안길에 서슬 시퍼런 날이 서고
마음에 내리는 겨울비
삶의 체온을 끌어내린다
생의 뒷골목이 어수선해진다

어느 틈엔가
기력이 빠져나간 몸
진액을 뽑아내고 남은 여백이다

이제는
아파서, 아파서 손 뻗는 갈망
병원을 감아 도는 넝쿨이 되었다

병실마다
파르르 전율하는 원초적 본능, 그 떨림
아직, 오르지 못한 꼭짓점
낯을 땅속에 묻을 수 없어 버텨내는 발버둥

인생이여 다시 뛰어라
삶이여 다시 날아라
몸이여 다시 웃어라

끝없이 터져 나오는 반란의 아우성
넓게 열어놓은 영안실 문
발길질하는 반항의 몸부림
데스크는
퇴원 수속으로 분주하다

세월

부욱 찢는 달력
겉이 떨어져 나가면
진피가 표피로 내 쫓기는
아픈 밀어 내기에 세월이,
찢겨 떨어져 나가지 않더냐

물 대야에 담그는 낯바닥
탄탄한 쇠인 양 느껴 오는 탄력
미미하게 느껴지는 느슨함은
빨랫줄에 달린 빗방울에 섞인 시간
툭 떨어지듯, 세월이
튕겨 나간 흔적이 아니더냐

총총히 걸어도 바람같이 뛰어도
받쳐주는 심장과 폐
이제는 냅다 질러대는 비명 소리에
콱 박힌듯한 세월
짐 꾸리고 떠날 채비를 하지 않더냐

민낯이어도 고운 얼굴, 그 계절
마음 탁 놓고 맞이했더니
언 듯 비치는 주름
네가 늘어졌느냐 내가 늘어졌느냐
스멀스멀 기어드는 늙은 촉감
세월이 세어나간 자리가 아니더냐

그래도 내 마음은 봄이거니!
붙박이로 나는,
정지를 선언한다

일출

붉은 희망이 떠오른다
가슴 한편에 도사린 꿈
옹골지게 뭉쳐 단단하게
깊은 뿌리 드리웠던...

밤의 끝자락을 뚫고 솟구치는
설익은 태양
길게 따아 내린 진홍의 빛줄기에
머리만 설핏 내민 꿈
엉겨,
꽃봉오리 열리듯 피어오른다

작렬의 꼭짓점으로 나아가는
비상의 길목에
결심으로 뭉친 푸른색 설계도
빛 걸음 자국마다 깔아
정오, 그 차원까지
오르겠다고

차가운 현실에
얼어붙은 심장이랑,
폭풍우 휘몰아치는 언덕에서
꺾어진 자존감이랑
피부에 사무쳤던
갈라진 가슴 시퍼런 멍 자국이랑

찬란해서 붉은 보석
만개하는 천체의 꽃, 이 아름다운 일출에
던져 넣으면
하얗게 사라질 재가 아니더냐

한계효용

억수로 먹고 싶다
탐하고 취해서 배가 부르면
얼굴이 낯색을 바꾼다
혀는 깜깜해지고,

한 가지로 정해도 무너지는 정
흔드는 지진은 마음에 있어서
붉게 물든 마음은 어느 틈엔가
색깔을 놓고 주저앉아 있다
예측할 수 없는 일기예보

꽃이 지는 것은 자연 이치이지만
마음에 품은 꽃이 지는 것은
영혼이 변동하기 때문이다

한계효용의 그늘 아래
영혼에 엉겨 붙은 숙명이거나
허접스러운 버릇이거나

오늘도, 혀는 방랑객처럼
어지럽게 헤매고 있다

트라우마

심장이
박동질만 하는 게 아니다

뒤틀어진 기억이 꾸역꾸역
파고 들어오면
피가 헝클어져 흐른다

먹구름 질퍽하게 낀
마음 한구석에서
성이 난 몽니가 날을 세운다

고요한 정조로 사납고
순한 숨길이다가 시끄럽다

문득,
다가오는 옛 인연의 발자국 소리
달달하게 웃음기를 머금어서
주먹을 쥘 수가 없다

싸늘한 뒤태를 끌어안은 전율
울음으로 웃음기를 훔치는 뻔뻔함

살을 열어 핏방울로 던지는 미련이
카타르시스를 깨우고 있다

여명

맨살로 다가오는 은근한 낯색
산기슭에 입혀진 미련이어서
어둠이 머뭇거리고 있다

순간이면 스러질 은밀했던 속삭임
꼬리 감추는 안개인 양
여명은 거침없이 엷아져서
물러가고 있다

붉은 기색으로 다가오는
태양의 기지개는
알팍하게 입혔던 검푸른 꺼풀을
사정 없이 벗겨낸다

뺨에 닿아있는 촉
아직 가늘게 서려 있는 밤이
조용히 숨을 거두는 이별이어서
얼얼하다

게슴츠레 실눈을 뜨다 감아버린
가벼워서 가볍지 않은 여운,
휘휘, 여인의 겉 옷자락처럼
감돌다 사라지면

일출이 무너뜨려서 가련한 자태는
아침 끄트머리에 잠시 매어달리다
가뭇없이 흔적을 거둔다

짙게 물든 진홍이
앳된 빛깔로
솟아오르고 있다

삶

씨 안에 피는 꽃이 있고
지는 꽃도 있다
이 둘은 서로 몸을 맞대고 있어서
경계가 흐릿하다

씨로 돌아가면
한 뭉치로 엉켜진다

꽃처럼 피고 지는 생

생명의 환희와 죽음의 쓸쓸함이
이어져 있는 씨의 내막
어느 때는 서로 섞여져
생사가 같이 흘러간다

죽음이라도 꽃처럼
끌어안아야 할 생,
지는 꽃도 꽃이니까!

여정을 여행으로 바꾸고 싶다
울퉁불퉁한 여정이
여행이 되면
꽃처럼 고와지니까!

돌아오는 길은 없어서
언젠가 끝점에서 딱 한 방울 흘릴 눈물

생은
피는 꽃 지는 꽃 기울기가 있어서
아픈 그늘을 뽑아내지만
그래도,
살아볼 만한 흥은 있다

신호등

통증에 휩싸인 원초적 울음
시간의 노정에 푸른 신호등이
켜지고 있다
엄마 품에 안겨 있는 생명의 환희

희게 흐르는 젖
속내가 파랗다
성장을 돋우는 본능이, 아득한 길
질주를 명령한다

뱀처럼 구부러진 생의 노선
시간이 휠 때마다 붉은 신호등이
잠깐, 위태하게 깜박인다
꿈은
푸른 신호를 거두지 않고 있다

절망이 켜 놓은 붉은 신호등 앞에서

잠시, 아주 잠시 멈칫거리면
골수까지 꾹꾹 짜서 우러나오는
푸른색 고함소리, 엄숙한 열정이
달리라고 한다

푸른 하늘을 채우는 태양이
속도를 내는 것은
어디서나 하늘이 푸른 신호등을
켜놓기 때문이다

마음에는 하늘이 있고
푸른 신호등이 하늘을 덮고 있어서
태양처럼
삶은 멈추지 않을 것이다

언젠가는
푸른색 장르가 막을 내리겠지만!

반란

사람들은 운동을 한다

그냥 방치할 수 없는 몸
세월의 급류가 훑고 지나가면
남은 재고마저 떠내려갈까 봐서

세포를 일으켜
잔인한 시간의 왕좌를 향해
반란이라도 꾀하지 않으면
무참하게 무너질까 두려운 것이다

멈추어 있고 싶다
해가 지고 별이 뜨고
어제보다 다른 바람이 불어도

그 자리에 그대로
서 있고 싶은 것이다

몸 안에 있는 힘 부추겨서
단단하게 정리를 잘 해주면
비뚤어진 생리라도 곧게 설까

오장육부가 흔들리고
피가 달음박질을 하면, 몸 안에
시간이 거꾸로 갈 줄을 알았다

밀치고 들어오는 거대한 힘
우주의 공권력 앞에
맞서고 싶다

패션은 날아가 버렸다
색으로 입히고 값으로 싸 발라도
움막이 저택이 되는 시대는
더 이상 오지 않는다

어느 날, 생이
빛깔을 거두어들이는 날
심장이, 북 치는 소리를 찢고
침묵으로 물러서는 날
그런 날이 올지라도,

사람들은 운동을 한다

세월이 흘러간다

흐느끼듯 스쳐 가는 세월
옹알이, 잼잼이, 통통 튀는 미운 오리 새끼
금세 거품이 꺼지면
세포가 페로몬을 머금고 약동한다
푸릇해서 아름다운 청춘이여!

후벼파진 듯 상처로 물러가는 세월
발 한 번씩 구르면 진한 색채로
수놓아진 사연
설핏 그림자만 남기고
내빼는 중년이런가!

휑하니 구덩 깊게 파고 꺼지는 세월
아프게 남아있는 그늘
멍석 펴고 널브러져 있는 슬픔
안되는 게 너무 많아 쉬고 싶다
갈대처럼
가늘게 흔들리는 장년이여!

번개 꽁무니에 매어달려
잠깐 주저앉은 시간일랑 얼른
주어 담으면 남는 것이 있을 줄 알았다
손안에 손금만 남는다
허무로 범벅된 노년이
흐느적거리고 있다

혼백에 새겨진 꿈
순간이라는 틈 속에
삶의 한켠에서 찬란히 피어난
꽃이 되어 그 향기
코끝에서 빚어진 행복이 아니더냐

인생이여 그냥 그 자리에...

또 하루가 지나간다

하얗게 백지 한 장
혼백이 서린 자취
자개장처럼 채워 넣고 싶다
점만 찍고 내빼는 하루
텅 빈 자루만 남는다

딱 한 잔 귀한 보이차
목구멍으로 넘어가는 값진 하루
값을 마시는 하루였지만
허기진 배 속은 여전히 쓰리고,

태양이 떴다 지고
이 사람 저 사람 스쳐 가는 동안
사람, 그 그림자라도
상큼한 추억 하나쯤 남는 흐름이라면,
낙서만 남는 쓸쓸함이여!

잠자리에서 추려 담는 하루
도망가듯 꼬리를 감춘 시간이어서
밤은 비었고
꿈은 다시 문을 열어
어쩌면 내일은!

인생

장전된 인생이어서
검푸른 고해 향해
딱 한방 발사되는 운명

목숨에 걸려 있는 과부하에
밀려서 밀려가는 생의 바퀴
구르다가 멈출 때까지
한 가지 삶이 세워진다

꼭짓점까지 오를 수도 있고
바닥에서 새우잠 자다가
숨을 닫을 수도 있다

먹어도 허기진 영혼은
빈 공허를 채워 보겠다고
목을 길게 뽑다가
번쩍하는 찰나에 날아가는
딱 한차례의 순번

숨넘어가는 소리
손잡고 회색빛으로 널브러진
사랑하는 사람들
방금 묘비명을 실 날 같은
저주파로 뱉어내고
휘장 닫는 생이여!

확증편향

전두엽에 못이 박힌다
뇌의 활기가 길게
져진다, 죽은 듯이

생이 소금기둥처럼(창세기 19:26)
세월만 잡아먹는 무생물로
치졸해진 태,

나뿐이다
나 외에는 다른 이가 없다(이사야 47:10)

농염한 꽃 향, 봄
팔팔 끓는 화염, 여름
색깔들의 패션, 가을

겨울은 부서지지 않는다

폐쇄와 냉동과 경직의 좌표
아집이 뭉치면
블랙홀이 된다

세상의 모든 변동을
빨아들인다
여전히 망부석
확증편향

머리카락만 한 틈이라도
살 길이지만
우주가 흔들려도
깨이지 않는 잠

지금도 허공에는 큰 울림으로
유령처럼 떠돈다, 고함!
껍질을 깨고 나오라!

백송처럼 우뚝 선 이여!

- 경기도 고양시 드림요양원에 계시는
이달주 선생님에게 헌정한 시 -

푸릇한 청춘의 시대
이제는 그리움으로
추억의 반닫이에 인화된 채로
여전히,
청년의 기백으로 생을
우뚝 세운 이여!

아침마다
동편 창으로 날아 들어오는
일출의 정기,
붉은 설레임이
혈관을 돌아 희망을 일구어냅니다

찬란한 색채, 너풀거렸던
꿈!
회색빛 휘장을 들어 올려
생생한 삶의 무대를 다시,
펼치셨습니다

심장에서 태동했던 기운
변태를 마치고, 새롭게
단단한 존재로
힘차게 일어선 이여!

가슴속 깊은 곳에서
웅크려 있던 의지와 열정이
머리를 쳐든 사연은,
탱탱한 넋이 여전히,
노래이기 때문입니다

팔십사 년 성상 달려온 몸
고향처럼 가슴 열어 다사롭게 품는
드림요양원, 이곳에
백송처럼 뿌리 드리운 이여!

외로움이 아파서 신음하는 노인들
영혼 속에서 끓고 있는 사랑의 마그마
끌어올려,
품으로 안으셨네요

아직도,
반짝거리는 사명 펄펄 살아 있어서
한 땀 한 땀 바느질하듯이
곱게 지성을 탑 놓아 가시는,
굳건한 자세가 아름다우십니다